ISOL
          Secreto de familia / ISOL. –
México : FCE, 2003
          [48] p. ; ilus. ; 22 x 17 cm.– (Colec. Los
Primerísimos)
          ISBN 968-16-7046-9

          1.Literatura infantil I. Ser II. t.

LC PQ 7298 Dewey 808.068 I677s

Primera edición: 2003

D.R. © 2003, Fondo de Cultura Económica
Av. Picacho Ajusco 227
14 200 México D.F.

Coordinación de la colección:
Andrea Fuentes y Daniel Goldin
Dirección artística: Mauricio Gómez Morin
Diseño: Juliana Contreras

www.fondodeculturaeconomica.com
Comentarios y sugerencias: alaorilla@fce.com.mx

ISBN 968-16-7046-9

Impeso en México – Printed in Mexico

Secreto de familia

Texto y dibujos de ISOL

LOS PRIMERÍSIMOS

A mi madre, Gloria,
madrugadora y original.

Tengo un secreto:

mi madre es un puercoespín,
en realidad.

Fue así:
   Un día me levanté
   más temprano
   que de costumbre.

Y ahí estaba,

preparando el desayuno
antes de despertarnos.

–¡Buen día!
–me dijo,
como si nada.

Yo me senté
y esperé mis cereales.

Mi papá y mi hermano dormían.
¿Qué dirían si supieran esto?

Pasé la mañana con mi amiga Elisa
jugando en el parque,
pero mi cabeza estaba llena de preguntas.

Elisa junta piedritas de colores
y nunca tiene estos problemas,
así que no le conté nada
para no asustarla.

Cuando regresé por la tarde
mamá ya era la de siempre
con su moño
y su vestido de flores.

Pero a mí
ya no
me engañaba.

Yo lo había
descubierto.

Ella es un puercoespín
por las mañanas.

Ahora entiendo
por qué tiene tantos frascos
de champú y cremas,
y tarda horas en arreglarse para salir.

¡Le cuesta mucho trabajo lucir
como las otras mamás!

Como la mamá de Elisa, por ejemplo,

tan elegante con sus rulos.

Lo peor es que la otra mañana
me miré en el espejo,
y algo en mí también se ve
bastante raro.

(¿A qué edad se empiezan a comprar esas cremas?)

Con Elisa jugamos
    a vestirnos de señoras,

pero desde ese día temo
que se dé cuenta que somos tan distintas

y que
cuando crezca,
quizás yo también sea
un puercoespín.

Últimamente
estoy muy nerviosa.

Así que le pido a mami que me deje pasar
una noche en casa de Elisa.

¡Al fin
    un poco de normalidad!

¡La cena con sus padres
estuvo deliciosa!

Después, Elisa me muestra
su colección de piedras. Charlamos…

y nos vamos a dormir.

Sí, me duermo. Pero sigo alerta
porque me tengo que levantar
bien temprano para ir a arreglarme.

Por suerte
traje mi peine
y mis broches.

¡Lista!

¿Y ese ruido?
¿Ya hay alguien en la cocina?

–¡Hola!
¿Quién quiere
bizcochos?

...9, 3, 7.
  ¡Hola, mamita!
  ¿Puedes venir a buscarme
    pronto, por favor?

–Ay, hijita,
    qué rara eres –dice mamá.

–No tanto, mami,
        no tanto
            –digo yo.

FIN

Familias a las 6:00 a.m.

Los Espinoza

Los Osorio

Los Leonardi

Los Aguilar

La tuya

Secreto de familia de ISOL
de la colección Los Primerísimos
se terminó de imprimir
en el mes de octubre de 2003
en los talleres de Impresora y Encuadernadora
Progreso, S.A. de C.V. (IEPSA),
Calzada San Lorenzo 244; 09830, México, D.F.
El tiraje fue de 5 000 ejemplares.

La niña de esta historia tiene un serio problema:
una mañana se levanta más temprano que de costumbre
y descubre un increíble secreto bien guardado por su madre
hasta entonces. Un secreto que la hace a ella misma y a su
familia distinta de todas las demás.
¿Cómo podrá comportarse normalmente después
de saberlo?

*ISOL nació y vive en Argentina. Ha recibido diversos
reconocimientos, entre ellos: Mención Honorífica,
I Concurso de Libro Ilustrado A la orilla del viento 1996;
Manzana de Oro en la Bienal de Bratislava, 2003.
En el FCE ha publicado,* Vida de perros, Regalo sorpresa,
Cosas que pasan, Intercambio cultural *y* El globo.

ISBN 968 16 7046 9

9 789681 670467

Fondo de Cultura Económi